Favourite Opera Classics
II

Wolfgang Amadeus Mozart

Don Giovanni · Così fan tutte · Die Zauberflöte

for piano · pour piano · für Klavier

K 199

KÖNEMANN

© 2016 koenemann.com GmbH
www.koenemann.com

Editor: Mihály Szári
Responsible co-editor: István Máriássy
Technical editor: Dezső Varga
Engraved by Kottamester Bt., Budapest

ISBN 978-3-7419-1463-8

Printed in Spain by LitoStamp

INDEX

Don Giovanni, KV 527

Così fan tutte, KV 588

Don Giovanni

KV 527
Première: Praha, 1787

Ouverture

20
f
p
p cresc.
p
24
cresc.
p
cresc.
p
26
cresc.
p
f
f
29
p
30
K 199
7

Molto allegro
31
36
42
47
52
p
f
p
f
f
p
f
p

58
63
68
73
79
K 199
9

184
189
194
200
206
211
fp
fp
fp
f
p
p
f
p
f
f

No. 1 Introduzione (Leporello)

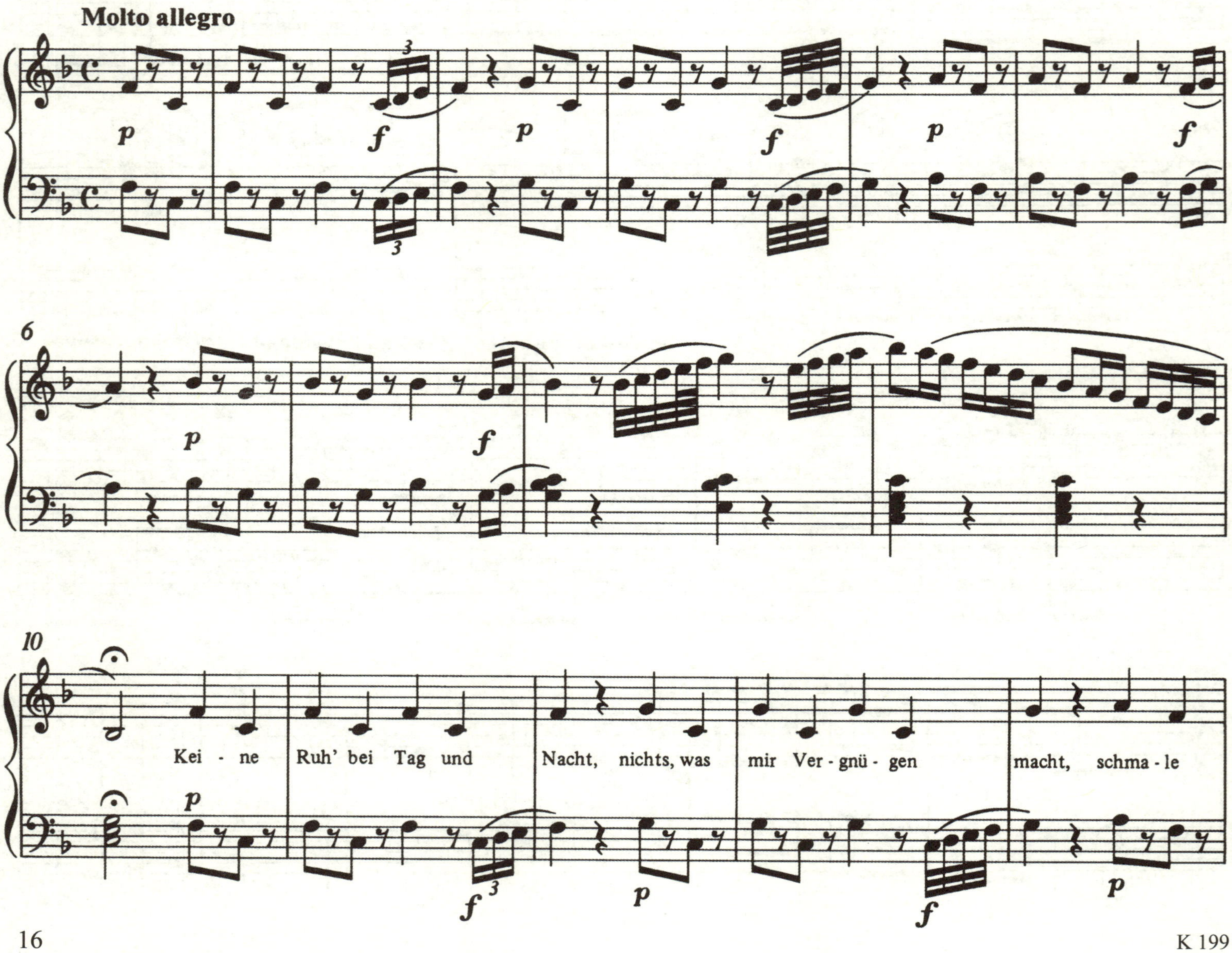

Molto allegro

Kost und we - nig Geld, das er - tra - ge, wem's ge - fällt!
Ich will selbst den Her - ren ma - chen, will nicht
län - ger Die - ner sein,
will nicht län - ger Die - ner sein, nein, nein, nein,
nein, nein, nein, nicht län - ger Die - ner sein!
Sie, mein
Herr, Sie kön - nen la - chen!
Wenn Sie drin sich di - ver -
tie - ren, muß ich Schild - wach' hier er - frie - ren, muß ich er - frie - ren, muß ich er - frie - ren!

45
Ich will selbst den Her - ren ma - chen,
f p f
48
will nicht län - ger Die - ner sein,
f p
will nicht län - ger
52
Die - ner sein, nein, nein, nein, nein, nein, nein, nicht län - ger Die - ner
57
sein! Doch was gibt's? Ich hö - re Leu - te! Doch was gibt's? Ich hö - re
61
cresc. f p
Leu - te! Husch, ins Win - kel-chen hin - ein, husch, husch, ins Winkelchen hin - ein, husch, ins Win - kel -
cresc. f p
65
chen hin - ein, ja, ja, ja, ja, husch, husch, ins Win - kel - chen hin - ein!

No. 4 Aria (Leporello)

ach! in Spanien schon tau-send und drei, tausend und drei, tausend und
30
sfp sfp p

drei! Ihm sind list'ge Kammerkätzchen, Bauermädchen, Bürger-schätzchen,
37

Herzoginnen und Prinzessen, Markgräfinnen, Baronessen, Frauenzimmer jung und alt, schön und hässlich von Ge-
42
cresc.

stalt: Al - le sind ihm einer - lei. sechshun- dert und
47
f p Hier in Welschland

vierzig, da in Deutschland zwei-hun - dert und dreissig,
53

hier   hundert - eins   nur   im   pfif - fi - gen   Frankreich; a - ber,   a - ber   in   Spanien!

ach!   in   Spanien   schon   tau - send   und   drei   tausend   und   drei,   tausend   und
sfp

drei!   Die - se   Sui - te   Kammer - kätzchen,   und   hier   manches   Bürger - schätzchen,   an   der   Spitze   drei   Prinzessen,   nun   die   Anzahl   Baronessen,   hier   in   Federn,   dort   in
cresc.

Häubchen, hier junanisch, dort wie Täubchen;
f   p   f   p   f   p   f   p   f   p
al - le   sind   ihm   ei - ner -

f   p   f   p
lei,   al - le   sind   ihm   ei - ner -   lei.
cresc.   f

Andante con moto
85
Mit Blon - di - nen phan - ta - sie - ren, mit Brü - net - ten
p
f p
91
ein - her - stol - zi - ren, mit Be - les' - nen dis - pu - ti - ren,
f
97
mit Ge - lehr - ten kri - ti - si - ren.
Vol - le
p
102
sucht er sich im Win - ter, für den Früh - ling schlan - ke Kin - der,
106
und dann Je - de preis zu ge - ben, das ist
sein ver - damm - tes Le - ben, und dann
111
cresc.
f
22
K 199

Je - de preis zu ge - ben, und dann Je - de, Je-de, Je-de, Je-de, Je-de, Je-de, Je-de, Je-de, Je-de,Jede preis zu
ge-ben, das ist, das ist sein verdammtes Le - ben, das ist sein Le - ben. Sein Re - gi - ster
an - zu-häu - fen, mö - gen hundert sich er - säu - fen,
hunderte vor Gram verder - ben und an gelber Bleichsucht sterben;
sein Re - gi - ster an - zu-häu - fen, mö - gen
hun - dert sich er - säu - fen, hun - dert an der gel - ben Bleichsucht ster - ben,

143 sein Ge - müth ist so ver - dor - ben, dass ihn Al-les
149 nicht be - kehrt, dass ihn Al-les nicht be - kehrt. D'rum, o
Donna! lass ihn laufen, er ist deines Zorn's nicht werth, d'rum, o Donna! er ist
155
deines Zorn's nicht werth, ist's nicht werth, ist's nicht werth,
161
er ist dei - nes Zorn's nicht werth.
167
p

No. 7 Duettino (Zerlina-Don Giovanni)

fas - sen, mich nicht zu fas - sen, mich nicht zu fas - sen!
Komm, o komm
Reich' mir die Hand, mein
Nein, nein, ich darf's nicht wa - gen!
Mein
Le - ben
Komm in mein Schloß mit mir!
Herz warnt mich da - vor, hat man was Bö - ses vor.
Ma-
Es ist nicht weit von hier.
Du, die ich mir er-
set - to wär' ver - lo - ren! Ich weiß mich nicht zu fas - sen, mich nicht zu fas - sen, mich nicht zu
ko - ren, kannst du mich sterben las - sen?
fas - sen!
Wohl - an! So dein zu sein auf e - wig! Wie
O komm! O komm!
So dein zu sein auf e - wig! Wie

glück - lich, o wie se - lig, wie se - lig werd' ich sein!
So dein zu sein auf e - wig! Wie glück - lich, o wie se - lig, wie
se - lig werd' ich sein! So mein!
So dein! Ganz mein? Ganz
dein! Wie glück - lich werd' ich sein! Wie se - lig werd' ich sein!
tr
p
f

No. 9 Aria (Don Ottavio)

ein. Ach, kein Freund ist glück - lich, glück - lich al - lein,
kein Freund ist glück-lich, glück - lich al - lein, kein Freund ist
glück - lich, glück - lich al - lein. Ban - de der Freund-schaft
fes - seln uns bei - de; was dich be - ru - higt, ge - währt mir
Freu - de, bei dei - nem Lei - de bricht mir das Herz,

bricht mir, bricht mir das Herz. Ein Band der Freundscht umschlingt uns
beide; was dich be-ru-higt, gewährt mir Freu-de, bei dei-nem Lei-de
bricht mir das Herz, bricht mir, bricht mir das
Herz, bricht mir das Herz bei dei-nem Lei-de
bricht mir das Herz.

No. 12 Aria (Don Giovanni)

Hier gilt, ihr Da - men, kein Rang, kein Na-men! Eng - lisch und stei-risch und
schwä - bisch und bay-risch tanzt ihr und wal-zet, tanzt ihr und walzt, tanzt
ihr und walzt die Kreuz und die Quer, tanzt ihr und walzt die
Kreuz und die Quer, tanzt ihr in bun - tem Ge - wirr um - her!
Ich un - ter - des - sen, nach al - ter Wei - se, füh - re mein Lieb - chen trotz Weh und

Ach ins Schlaf - ge - mach, ins Schlaf - ge - mach! Blon - de, Brü -
net - ten, drauf will ich wet - ten, zählt mein Re - gi - ster mor - gen noch mehr!
Blon - de, Brü - net - ten zählt mein Re - gi - ster
mor - gen noch mehr! Ar - ti - ge Mäd - chen führst du mir lei - se
nach dei - ner Wei - se, lei - se her - bei.

Blon - de, Brü - net - ten, drauf will ich wet - ten, zählt mein Re - gi - ster
mor - gen noch mehr! Hier gilt, ihr Da - men, kein Rang, kein Na - men!
Eng - lisch und stei - risch, schwä - bisch und bay - risch tanzt ihr und walzt die
Kreuz und die Quer. Blon - de, Brü - net - ten,
drauf will ich wet - ten, zählt mein Re - gi - ster mor - gen noch mehr, zählt

mein Re - gi - ster mor - gen noch mehr, zählt mein Re - gi - ster
mor - gen noch mehr, mor - gen noch mehr, mor - gen noch mehr,
mor - gen zählt es noch mehr!

No. 13 Aria (Zerlina)

sonst sei recht ge - tan, sei recht ge - tan, sei recht ge - tan. Her dein
Händ - chen, her dein Händ - chen, her zu mir!
Schmä-le, schmä-le, lie - ber Jun - ge! Sieh, Zer - lin - chen will mit
Freu - den wie ein Lämm - chen al - les lei - den, nur ver - zei - hen sollst du ihr!
O mein Ma - set - to! Schmä - le, schmä - le! Wie ein Lämm-chen will sie lei - den, nur ver -

zei - hen sollst du ihr!   Mit   ihr schmol - len,
mit ihr grol - len,   das kannst du nicht, das kannst du
nicht,   du sü - ßer Jun - ge!   Ha! da hab' ich's lie - be Händ - chen! Ha! da
hab' ich's lie - be Händ - chen! Nun ge - lei - ten tau - send Freu - den un - sern
jun - gen Le - bens - lauf,   un - sern
jun - gen Le - bens - lauf,   un - sern jun - ges Le - bens -
cresc.
f

75 lauf, un - sern jun - gen Le - bens - lauf. Laß mir
79 nur das lie - be Händ - chen! Laß mir nur das lie - be Händ - chen! Nun ge-
83 lei - ten tau - send Freu - den un - sern jun - gen Le - bens - lauf, ja, ja, ja, ja, ja,
87 ja, un - sern jun - gen Le - bens - lauf, ja, ja, ja, ja, ja, ja, nun ge-
91 lei - ten tau - send Freu - den un - sern jun - gen Le - bens - lauf, un - sern
95 jun - gen Le - bens - lauf.
pp

No. 17 Canzonetta (Ständchen) (Don Giovanni)

K 199

En - de mei - ner Not! Dein
Au - ge gleicht der Son - ne, dem Ho - nig - seim dein Mund! O
mach, du mei - ne Won - ne mir bald mein Glük - ke kund!
Magst du auch grau - sam schei - nen, was gilt's, du hast mich lieb?
Laß mich nicht län - ger wei - len, komm,
lo - ser Her - zens - dieb!

No. 19 Aria (Zerlina)

Ach, das zer - tei - let, lin - dert und hei - let al - le Be - klem - mung
und al - len Schmerz.
Soll ich dir's nen - nen?
Das Händchen her! Rätst du heute denn so schwer?
Fühlst du, wie's klop - fet hier?
Das hel - fe dir! Fühlst du, wie's klopfet hier, fühlst du, wie's klopfet hier?
34
40
46
53
59
tr
tr
tr
tr
mf
p
mf
p

Das hel - fe dir! Fühlst du, wie's klopfet hier, fühlst du, wie's klopfet hier,
fühlst du, wie's klopfet hier? Das hel - fe dir! Hier, hier!
Fühlst du, wie's klop - fet hier? Wirst du's nun ken - nen? Soll ich's dir nen - nen? Wirst du's nun
ken - nen? Das hel - fe dir!

No. 26 Finale

Andante
ff
Nun Don Ju - an! du hast ge-
be - ten, ich ver - sprach es, und bin er - schie - nen.
p
Nun so lasst euch freundlich dienen; Ihr seid herz - lich gern ge-
Le-po-rel - lo! frisch Ge - dek - ke, frisch Gedecke die Mi - nu - te!
sehn. f
Ach, mein Herr! Ach, mein
Die Mi-nu - te!
Herr! mir ist fürch - ter-lich zu Mu - the! Bleib'! ich be- fehl's!
f p

22
Wen erst la - bend die Himm - li - schen näh - ren,
fp
26
kann der ir - di - schen Nah - rung ent - beh - ren.
30
cresc. p cresc. p
Weit, weit, weit führt mich
32
cresc. p cresc. p
her mei - ne Stra - ße,
34
cresc. p cresc. p
heil'- ge La - bung ver -
36
cresc. p cresc. p
sag' mir

Das ist selt - sam! sehr selt - sam! doch
38
nicht! Wie vom Fieber, so werd' ich er - schüt-tert. Ist das Blendwerk, ist's Wahrheit, ist's Traum? Je-de Muskel und Ner-ve mir
re - de!
41
zittert! Das Entsetzen lässt ath-men mich kaum.
Bald muss ich wei - ter, mein
Re - de, re - de! du siehst mich be-
44
Weg,, ach! ist weit.
Ist das Blendwerk, ist's Wahrheit, ist's
reit.
47
Nur we - nig Wor - te! kurz ist mei - ne
Traum? Je - de Muskel und Nerve mir zittert, wie vom Fieber, so werd' ich er - schüttert! Das Entsetzen lässt athmen mich
Re - de, re - de! du siehst mich be - reit!
50
Zeit.
kaum.

55
Dort von den Ster - nen - hö - hen stieg ich, vor

60
dir zu ste - hen. Ach, hö - re mich! ach,
f p

65
hö - re mich! Du wirst bald mit mir ge - hen.
f p cresc. p
Ein gu - tes

70
Wort! Ihr braucht es, leider, lei-der! So sprecht, was ist's nun wei - ter? wenn's

74
Ich bin ent - schlossen!
muss sein, sag' ich nicht. Be - den - ke! Be -
f p

Poco stretto

Nein!
Nein!
Nein!
Bess - re dich!
Bess - re dich!
Ja!
p
f
p
f
fp
fp
3
Nein,
nein!
Nein!
Ja!
Ja!
Ja!
Ja!
fp
fp
3
fp
f
f
Ach!
jetzt
ist
dein
En -
de
p
Allegro
Ha,
welche Schlün - de
öff - nen sich!
Gei - ster umschwirr'n mich fürchterlich!
Wer
f
da!
p
f
p
f
ret - tet mich, wer
ret - tet mich?
Dort gähnt
ein
off - nes Grab!
cresc.
Hal - le um - her,
o
p
f
p
sf
sf
sf
sf

Kla - ge!   hal - le Ver - dam - mungs-
fasst, es reisst mich schreck - li - cher!   Er - bar - me dich, All-
wort!   Wie fasst es ihn aufs Neu - e!   O
mäch - ti - ger!   er - bar - me dich, er - bar - me!   Nur
weh, zu spä - ter Reu - e!   Kommt her und schau - et
kur - ze, kur - ze Frist!   Es
be - bend, schaut, was Ver-zweif - lung, was Ver-zweif - lung ist!   Lau - ter er - tö - ne,
fasst, es reisst mich schreck - li - cher!   Er-
Kla - ge! Wie fasst es ihn auf's Neu - e!
Donn' - re Ver - dam - mungs-

152
bar - me dich, All - mäch - ti - ger! er - bar - me dich, er-
wort!
O weh, zu spä - ter Reu - e! Kommt
155
bar - me! Ach! nur
Nie - der!
her und schau - et be - bend! kommt her und schau - et
158
kur - ze, kur - ze Frist!
nie - der, nie - der zu uns her-
be - bend, schaut was Ver - zweif - lung ist!
162
Ach!
ab! Ach!
p sf f
sf
165
p cresc. f

Così fan tutte

KV 588
Première: Wien, 1790

No. 5 Aria (Don Alfonso)

17
was tu ich das Ge - schick er - fül - let sich, schlimm - res
21
kann nicht mehr ge - schehn, nicht mehr ge - schehn, könnt vor
25
Mit - leid schier ver - gehn, könnt vor Mit - leid
cresc.
p
29
schier ver - gehn, könnt vor Mit - leid schier ver - gehn, ich
cresc.
sim.
34
könnt ver - gehn, ich könnt ver - gehn.

No. 19 Aria (Despina)

K 199

22
Spielt man die Sprä - de ge - gen den ei' - nen, sprechen die Au - gen heimlich mit
27
neu - nen, dem Hoff-nung ma - chen, an - dre ver - la - chen, mit je - nem
32
nek - ken sich, vor dem ver-stek-ken sich, mit offnen Zü - gen frisch und frei lü - gen, frisch und frei lü - gen: So kann als
37
Kö - ni-gin man komman - die - ren, al - les re - gie - ren nach sei - nem Sinn,
f p
f p
f p
41
so kann als Kö - ni-gin man kom-man - die - ren nach sei - nem Sinn.

Wünschen viel-leicht Sie weit-re Be-leh-rung, Ih-re De-
spi-na steht zu Ge-bot, steht zu Ge-bot.
Spielt man die Sprö-de ge-gen den ei-nen, spre-chen die Au-gen heim-lich mit
neu-nen, dem Hoff-nung
ma-chen, an-dre ver-la-chen, mit je-nem nek-ken sich, vor dem ver-

63
stek - ken sich, mit off - nen Zü - gen frisch und frei lü - gen, frisch und frei lü - gen: So kann als
67
Kö - ni-gin man kom-men - die - ren, al - ler re - gie - ren nach sei - nem Sinn,
f p
71
So kann als Kö - ni-gin man komman - die - ren nach sei - nem Sinn,
f p
so kann als
75
Königin man kom - man - die - ren al - les re - gie - ren, ja,
78
al - les re - gie - ren,
al - les re-
fp

gie - ren nach sei - nem Sinn, ja,
81
cresc.
nach sei - nem Sinn, ja, nach sei - nem
84
f
Sinn. Wün-schen viel - leicht Sie weit - re Be-
87
p
p
leh - rung, Ih - re De - spi - na steht zu Ge - bot, Ih - re De - spi - na steht zu Ge-
91
bot, Ih - re De - spi - na steht zu Ge - bot, steht zu Ge - bot, steht zu Ge - bot.
95

Die Zauberflöte
The Magic Flute
La Flûte enchantée

KV 620
Première: Wien, 1791

No. 2 Aria (Papageno)

2. Der Vogelfänger bin ich ja,
stets lustig heisa hopsasa!
Ich Vogelfänger bin bekannt
bei Alt und Jung im ganzen Land.
Ein Netz für Mädchen möchte ich,
ich fing' sie dutzendweis' für mich!
Dann sperrte ich sie bei mir ein,
und alle Mädchen wären mein.

3. Wenn alle Mädchen wären mein,
so tauschte ich brav Zucker ein;
die welche mir am liebsten wär;
der gäb' ich gleich den Zucker her.
Und küsste sie mich zärtlich dann,
wär' sie mein Weib und ich ihr Mann.
Sie schlief' an meiner Seite ein,
ich wiegte wie ein Kind sie ein.

No. 3 Aria (Tamino)

K 199

soll die Empfin - dung lie - be sein?
ja, ja, die
p
cresc.
mf
Lie - be ist's al - lein, die Lie - be, die Lie - be, die
Lie - be ist's al - lein!
f
p
cresc.
f
O, wenn ich sie nur finden könn - te! O, wenn sie doch schon vor mir stän - de!
cresc.
f
p
cresc.
f
p
Ich wür - de, wür - de, warm und rein, was wür - de ich?
K 199
65

45
Ich wür - de sie voll Ent -
p
47
zük - ken an die - sen hei - ßen Bu - sen
cresc.
49
drük - ken und e - wig wä - re sie dann mein, und e - wig wä - re sie dann
f
p
54
mein, und e - wig wä - re sie dann mein, e - wig wä - re sie dann
59
mein, e - wig wä - re sie dann mein.
cresc.
f
p

No. 5 Duetto (Tamino-Papageno)

No. 7 Duetto (Pamina-Papageno)

K 199

Zweck zeigt deut - lich an: nichts Edlers sei, als Weib und Mann, nichts Ed-lers sei, als Weib und
Mann. Mann und Weib, und Weib und Mann, Mann und
Weib und Weib und Mann rei - chen an die Gott -heit an; Mann und Weib, und Weib und
Mann rei - chen an die Gott - heit an, die Gott - heit
an, die Gott - heit an.

No. 8 Chor der Sklaven

hört, und ge - sehn! La - ra - la la la la - ra - la la la la - ra
la!
Konn - te je - der bra - ve Mann sol - che Glöckchen fin - den!
Sei - ne Fein - de wür - den dann oh - ne Mü - he schwin - den, und er leb - te
oh - ne sie in der be - sten Har - mo - nie, in der be - sten,
be - sten Har - mo - nie! Nur der Freundschaft Har - mo - nie mil - dert die Be -
schwer - den; oh - ne die - se Sym - pa - thic ist kein Glück auf Er - den.

No. 9 Marsch der Priester

No. 10 Aria (Sarastro)

Adagio
p
O I - sis und O -
si - ris, schen - ket der Weis - heit Geist dem neu - en Paar!
Die ihr der Wand - rer Schrit - te len - ket, stärkt mit Ge - duld sie
in Ge - fahr stärkt mit Ge - duld sie in Ge - fahr!

25
Stärkt mit Ge - duld sie in Ge - fahr! Laßt sie der Prü - fung
31
Früch - te se - hen; doch soll - ten sie zu Gra - be ge - hen,
37
so lohnt der Tu - gend küh - nen Lauf, nehmt sie in eu - ren
43
Wohn - sitz auf, nehmt sie in eu - ren Wohn - sitz auf.
49
Nehmt sie in eu - ren Wohn - sitz auf.

No. 11 Duetto (2 Priester)

No. 14 Aria (Die Königin der Nacht)

mei - ne Toch - ter nim - mer - mehr,
so bist du mei - ne Toch - ter
nim - mer - mehr!
fp fp fp fp
p
K 199

Ver - sto - ßen sei auf e - wig, ver - las - sen sei auf
e - wig, zer - trüm - mert sein auf e - wig al - le Ban - de
der Na - tur, ver - sto - ßen, ver - lassen und zer -
trüm - mert al - le Ban - de der Na - tur, al - le
Ban -

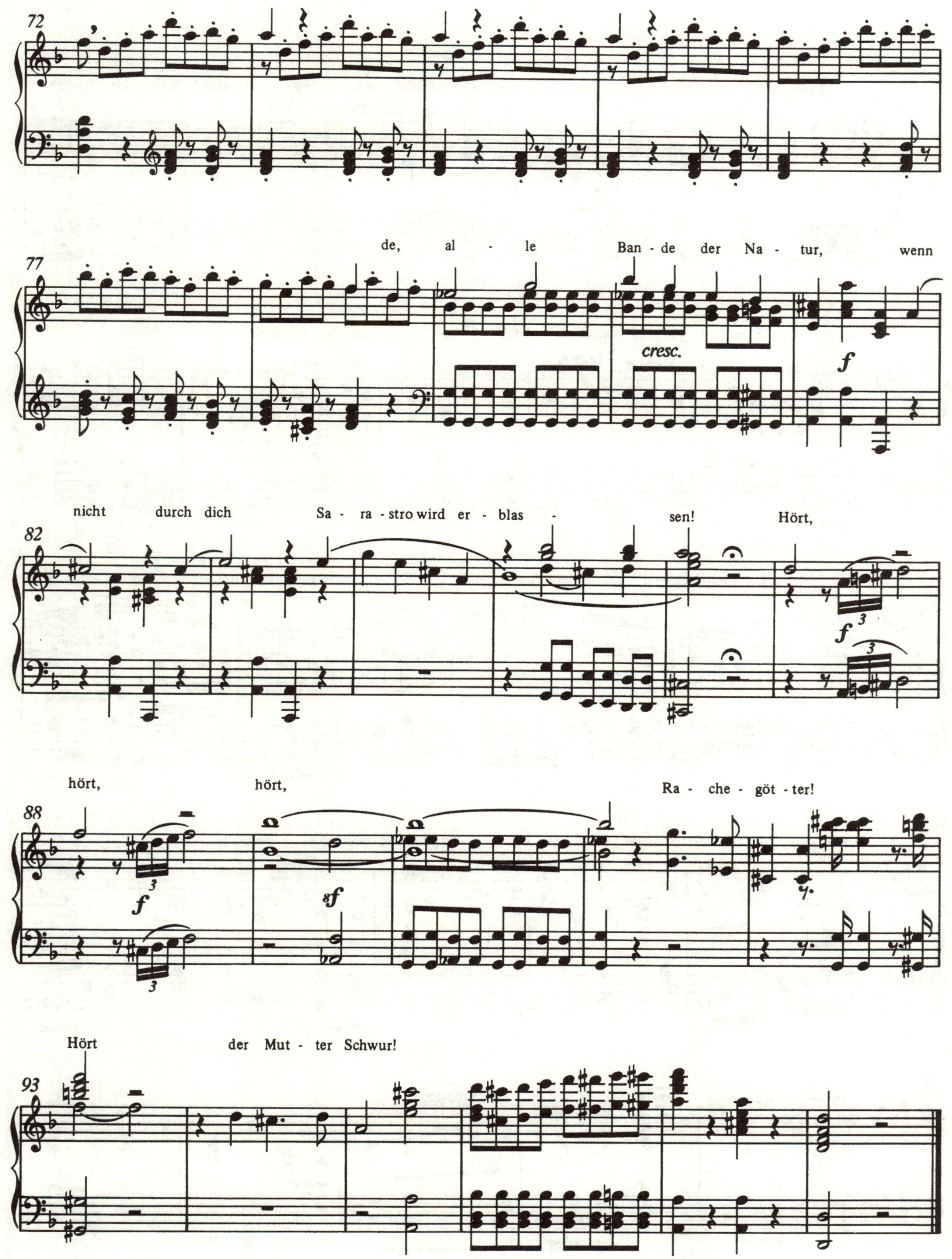

de, al - le Ban - de der Na - tur, wenn
nicht durch dich Sa - ra - stro wird er - blas - sen! Hört,
hört, hört, Ra - che - göt - ter!
Hört der Mut - ter Schwur!
cresc.
f
f
f
sf

No. 15 Aria (Sarastro)

In die - sen heil - gen
bess - re Land.
Mau - ern wo Mensch den Men - schen lieb
kann kein Ver - rä - ter lau - ern, weil
man dem Feind ver - gibt.
Wenn solche Leh - ren nicht er - freun, ver - die - net
nicht ein Mensch zu sein, wenn solche Leh - ren nicht er - freun ver - die - net nicht ein Mensch zu
sein
wenn solche Leh - ren nicht er - freun ver - die - net nicht ein Mensch zu sein, ein
Mensch, ein Mensch zu sein.

No. 17 Aria (Pamina)

lein, dir al - lein! Fühlst du nicht der Liebe Seh - nen der Liebe Seh - nen, so wird
Ru - he, so wird Ruh' im To - de sein; fühlst du nicht der Liebe Seh - nen, fühlst du
nicht der Lie - be Seh - nen, so wird Ru - he, so wird Ruh' im To - de
sein, so wird Ruh' im To - de sein, im To - de sein, im To - de
sein.
f
p
f
p
p
cresc.
f
p

No. 18 Chor der Priester

Sein Geist ist kühn, sein Herz ist rein,
f
p
Sein
Sein Geist ist Kühn, sein Herz ist rein,
Geist ist Kühn, sein Herz ist rein,
bald wird er un - ser wür - dig
bald, bald,
p
sf p
sein, bald, bald, bald wird er un - ser wür - dig
sf p
sein, wür - dig sein, wür - dig sein.
mf p mf p

No. 19 Terzetto (Pamina, Tamino, Sarastro)

Andante moderato

Der Götter Wil - le mag ge - sche - hen, ihr Wink soll mir Ge - se - tze
ihm Ge - se - tze
O lieb-test du, wie ich dich lie - be, du wür-dest nicht so ru - hig
sein!
sein, du wür-dest nicht so ru - hig sein.
Glaub' mir, er füh - le glei - che
Trie-be,
werd' e-wig dein Ge - treu - er sein, werd' e-wig dein Ge - treu - er
wird e - wig dein Ge - treu - er sein, wird e - wig dein Ge - treu - er
Wie bit - ter sind der Trennung Lei - den!
sein. Die Stunde schlägt, nun müsst ihr schei-den, die Stunde

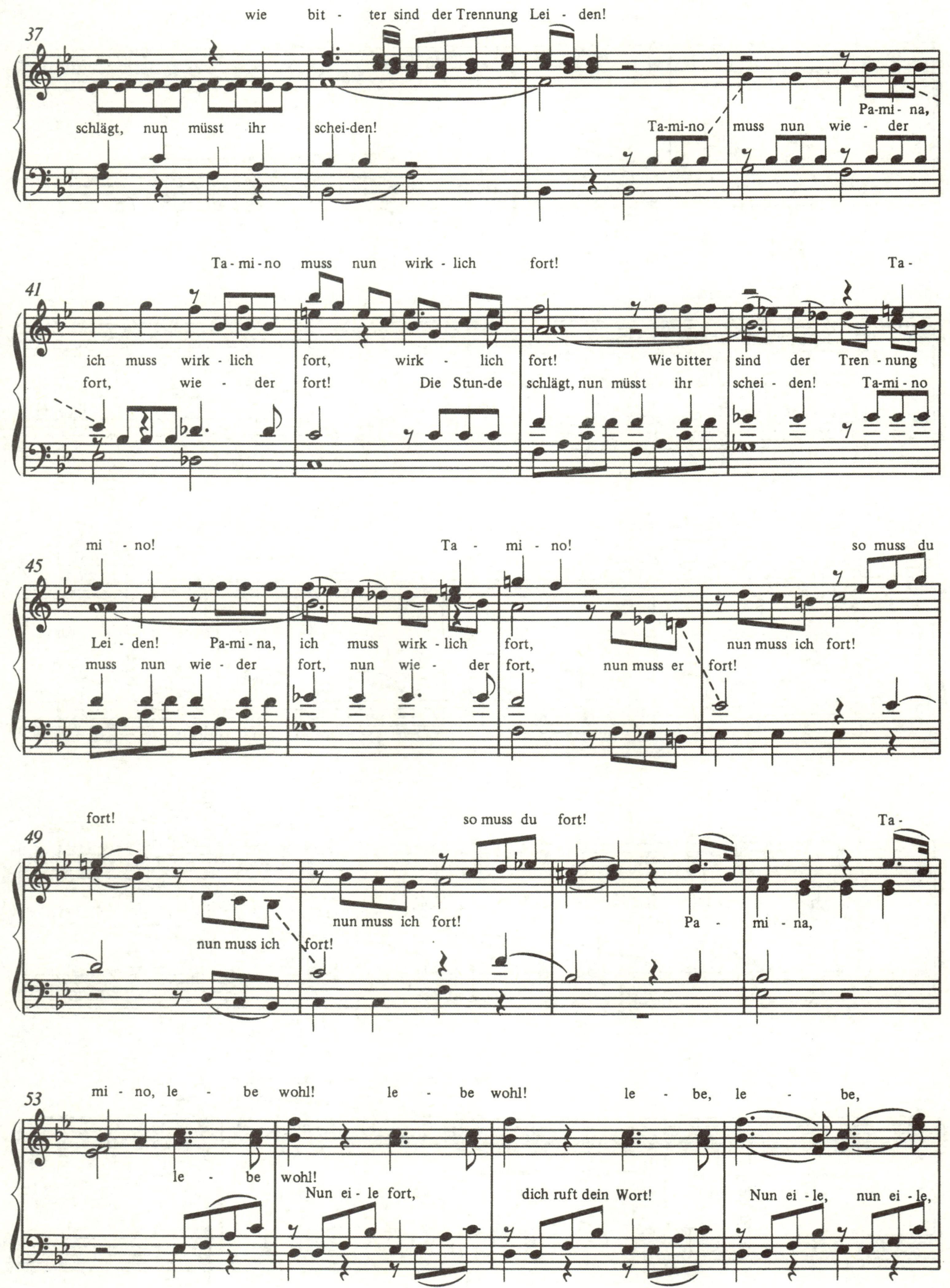

wie bit - ter sind der Trennung Lei - den!
schlägt, nun müsst ihr schei-den!
Ta-mi-no muss nun wie - der
Pa-mi - na,
Ta - mi-no muss nun wirk - lich fort!
Ta -
ich muss wirk - lich fort, wirk - lich fort! Wie bitter sind der Tren-nung
fort, wie - der fort! Die Stun-de schlägt, nun müsst ihr schei - den! Ta-mi-no
mi - no! Ta - mi - no! so muss du
Lei - den! Pa-mi - na, ich muss wirk - lich fort, nun muss ich fort!
muss nun wie - der fort, nun wie - der fort, nun muss er fort!
fort! so muss du fort! Ta -
nun muss ich fort! Pa - mi - na,
mi - no, le - be wohl! le - be wohl! le - be, le - be,
le - be wohl!
Nun ei - le fort, dich ruft dein Wort! Nun ei - le, nun ei - le,

K 199

le - be wohl!
Ach, gold' - ne Ru - he,
nun ei - le fort, dich ruft dein Wort!
Die Stun - de schlägt,
die Stun - de
mf

ach, gold' - ne Ru - he,
keh - re wie - der!
f
schlägt,
die Stun - de schlägt,
die Stun - de schlägt! Wir sehn uns
p
f

keh - re, keh - - re wie - -
wie - der,
p
wir sehn uns wie -

der!
Le - be wohl!
der!
Le - be wohl!
Wir sehn uns
le - be wohl!
wie - der!

No. 21 Finale

K 199

Sie ist von Sin-nen!
Sie quält ver-schmäh-ter Liebe
seht, Ver-zweif-lung quält Pa - mi-nen! Wo ist sie denn?
Sie quält ver- schmäh-ter Lie - be
Lei - den.
Lasst uns der Ar-men Trost be - rei - ten, führ-wahr, ihr Schick-sal geht uns
Lei - den, Lasst uns der Ar - men Trost be - rei - ten,
für -wahr, ihr Schicksal geht uns
nah! O wä - re nur ihr Jüng - ling da!
Sie kommt,
nah'! O wä-re nur ihr Jüng - ling da! Sie kommt, sie kommt, lasst uns bei Sei - te
gehn, da mit wir, was sie ma-che,
sehn, damit wir, was sie ma-che, was sie ma - che
Du al - so bist mein Bräu-ti - gam? Durch dich voll - end' ich mei-nen
mf p
mf p

Gram! Welch' dunkle War - te sprach sie
Welch' dunkle War - te sprach sie da?
Die Ar-me ist dem Wahn - sinn
Die Arme ist dem Wahn-sinn
Ge-duld, mein Trau-ter, ich bin dein! bald wer-den wir, bald werden wir ver-mäh-let sein, bald wer-den
nah'.
mf p
wir ver-mäh - let sein!
Wahnsinn tobt ihr im Ge- hir - ne,
Selbst mord steht auf ihrer Stir - ne.
fp
Ster - ben will ich, weil der
Hol - des Mäd - chen, sieh' uns an!
Mann den ich nimmer mehr kann has - sen, sei - ne Trau - te kann ver - las - sen! Dies gab
fp
mei - ne Mut - ter mir.
Lie-ber durch dies Eisen
Selbst - mord stra - fet Gott an dir.

ster-ben, als durch Lie - bes-gram ver - der - ben! Mut - ter, Mut - ter, durch dich lei - de
ich, und dein Fluch verfol - get mich! Ha, des
Mäd - chen, willst du mit uns gehn?
Jam - mers Maass ist voll! Fal - scher Jüng - ling, le - be wohl! Sieh', Pa -
mi - na stirbt durch dich die - ses Ei - sen töd - te mich!
Ha, Unglück-li-che, halt'
Allegro
ein! Soll-te dies dein Jüng-ling se - hen, wür - de er vor Gram ver - ge-hen;
Was? Er fühl - te Ge-gen-lie - be, und ver-barg mir sei - ne Trie - be, wand-te
denn er lie - bet dich al - lein.

sein Ge-sicht von mir? Wa-rum sprach er nicht mit mir?
p cresc. f
Die-ses müs-sen wir ver-
schwei-gen, p cresc. f doch wir wol-len dir ihn zei-gen; und du wirst mit Staunen sehn, dass er
dir sein Herz ge-weiht und den Tod für dich nicht scheut. p f p Komm, wir
Führt mich hin, ich möcht' ihn sehn!
Führt mich hin, ich möcht' ihn
wol-len zu ihm gehn, f p cresc. f komm, wir wol-len zu ihm gehn,
cresc.
sehn, ich möcht' ihn sehn, ich möcht' ihn sehn, ich möcht' ihn sehn!
komm, wir wol-len zu ihm gehn. p Zwei Her-zen,
p
die vor Lie-be bren-nen, p kann Men-schen-ohn-macht nie-mals tren-nen.
mfp mfp

Ver - lo - ren ist der Fein-de Müh', die Göt-ter selb-sten schü - tzen
Ver - lo - ren ist der Fein-de Müh', die
Ver - lo - ren der
sie, die Göt - ter, Göt - ter selb - sten schü - tzen
Göt-ter selb-sten schü-tzen sie, die Göt - ter selbst schü - tzen sie
Fein - de Müh'
mfp
tr.
mfp mfp
die Göt - ter schü - tzen sie, die Göt - ter
die Göt - ter selb - sten schü - tzen sie, die Göt - ter schü - tzen
p
sie, schü - tzen sie, schü - tzen sie.
f p f p f